HOMMAGE DES FRANÇAIS

A

L'EMPEREUR ALEXANDRE.

HOMMAGE
DES FRANÇAIS
A L'EMPEREUR
ALEXANDRE.

De la nécessité de transmettre à la postérité le souvenir des bienfaits de l'Empereur Alexandre et de ses augustes Alliés, et des moyens de signaler la reconnaissance des Français.

A PARIS,

DE L'IMPRIMERIE DE FIRMIN DIDOT,

IMPRIMEUR DE L'INSTITUT, LIBRAIRE,

RUE JACOB, N° 24.

1814.

HOMMAGE DES FRANÇAIS

A

L'EMPEREUR ALEXANDRE.

De la nécessité de transmettre à la postérité le souvenir des bienfaits de l'Empereur Alexandre et de ses augustes alliés, et des moyens de signaler la reconnaissance des Français.

De quels termes nous servir pour exprimer la plus profonde et la plus juste reconnaissance ?

Prince vertueux et magnanime, qui ne vous armez que pour défendre l'humanité, qui ne combattez que pour la gloire, et qui ne triomphez que pour briser nos fers, vous vous sentez avec attendrissement pressé par tout un peuple que console votre présence, et qui confond tous ses vœux dans un seul, celui de voir vos jours heureux (*dont aucun ne fut jamais perdu*), se prolonger au-delà du plus long terme de la vie et continuer à s'embellir des traits de l'héroïsme et des actes de la bienfaisance.

Mais nous, que vous arrachez au despotisme, que vous sauvez d'une destruction qui semblait inévitable, que vous dotez d'un gouvernement paternel, pourrons-nous croire nous être acquittés par nos larmes et par nos acclamations?...

Hélas! sans doute, et qui le sait mieux qu'ALEXANDRE? les monuments les plus chers aux grands Princes sont ceux qu'ils se bâtissent dans le cœur des peuples, avec les bienfaits que, dignes émules de la divinité, ils répandent sur la terre.

Parvenu au trône à vingt-quatre ans, placé à la tête de plus de quarante millions d'hommes, et de l'empire le plus vaste qui ait jamais existé, ALEXANDRE consacra toutes ses veilles au bonheur de ses sujets innombrables. Rival heureux de son aïeule immortelle, tous ses ukases furent des bienfaits et des conquêtes sur la barbarie en faveur de l'humanité.

On ne lui dut point l'établissement dérisoire

d'une *Commission sénatoriale de la liberté de la presse* ; mais il déclara libres toutes les imprimeries et autorisa l'entrée de tous les livres français , sans les assujétir à aucun examen. Quelle crainte en effet pourrait inspirer même le déraisonnement et l'exagération à un père adoré de ses enfants ?

Il ne créa point une *Commission-sénatoriale de la liberté individuelle* , en multipliant les prisons d'état ; mais ses regards se tournèrent sur les exilés des règnes précédents ; et, rappelant ceux qui avaient expié leurs fautes, il adoucit le sort de tous les autres.

L'uniformité des poids et mesures fut un des objets de sa sollicitude , et il ne souffrit pas qu'un ministre anéantît ce bienfait par des dispositions prétendues transitoires, et qui, plongeant le peuple dans une nouvelle incertitude , devaient augmenter et ses dégoûts et son opposition.

Loin d'avilir le commerce ou de l'accaparer par le monopole , il l'honora en voulant que la noblesse pût se livrer sans déroger aux grandes spéculations commerciales.

Au lieu d'encourager l'avarice des huissiers par des tarifs exorbitants, il desira mettre un frein à la chicane ; il décerna des punitions pécuniaires contre les juges iniques, et surtout contre les plaideurs de mauvaise foi.

Ami sincère de la tolérance, protecteur des sciences et des beaux-arts, combien de savants, d'hommes-de-lettres, de compositeurs, d'artistes, furent accueillis par ce Prince, encouragés, soutenus, récompensés ? Sa prudente économie lui fournit les moyens de satisfaire sa générosité. Il semble que le voyage de Pétersbourg soit devenu une excursion vers Potosi, et l'espoir des hommes de mérite qui l'entreprennent n'est jamais trompé.

Si l'Empereur voyage lui-même, un ukase dispense les villes et les villages des dépenses auxquelles étaient astreints les lieux de passage sur la route que tenait ce Souverain. Sa présence n'est point celle du *fleuve sans eau* près de la vallée de Natron, mais celle des flots du Nil dans son fécond débordement.

Vous qui avez gémi sur l'inutilité des représentations contre les abus d'autorité, et dont on excite la commisération sur le sort des Moscowites, lisez la nouvelle Constitution d'ALEXANDRE, et voyez comme il circonscrit le pouvoir des gouverneurs-généraux, et prévient attentivement les excès dont le peuple avait à se plaindre dans les provinces.

Vous qui applaudissez à la philanthropie qui dicta votre *Code Pénal*, comparez la foule d'articles qui prescrivent la confiscation générale des biens, avec l'ukase antérieur de neuf ans à ce même Code, par lequel tous les habitants indistinctement jouissent de la faveur accordée précédemment aux nobles, de ne jamais voir confisquer leurs biens héréditaires, quel que fût le crime pour lequel ils seraient condamnés.

Mais lorsque nos trésors, notre sang et notre gloire sont prodigués pour établir une dynastie nouvelle sur tous les trônes, pour la faire peser sur la Hollande, sur l'Allemagne, sur l'Espagne, sur la terre des *Scipions*, sur tous les points de l'Italie, ALEXANDRE, qui a aussi trois frères et trois sœurs, combat-il pour leur former des états et veut-il les couronner sur des monceaux de cadavres ?

Que ferais-je en développant tous ses titres à notre admiration et à l'amour de tout être sensible, que de nous distraire de ce qui doit nous attacher davantage à ce héros véritable que relève encore l'affectueuse simplicité avec laquelle il surpasse ici et au milieu de nous tout le bien qu'il a pu faire dans son vaste Empire ?

Paris lui doit son existence, il lui devra son bonheur. Et ici ce ne sont pas de vaines expressions, des mots emphatiques et vides de sens : Alexandre le conquérant ne sauva de Thèbes que la maison et la famille de Pindare : ALEXANDRE le Bienfaisant sauve et conserve la capitale entière des Français. Que dis-je ? des monuments d'abord refusés par une modestie apparente (1), et multipliés ensuite par cet

______

(1) Napoléon répondait au conseil-général du département de la Seine : « J'accepte avec reconnaissance l'offre « du monument que vous voulez m'élever ; que la place « reste désignée, mais laissons aux siècles à venir le soin

orgueil , apanage inséparable de l'esprit de conquête , des monuments dont l'existence aurait blessé tout autre œil que celui d'un grand homme , sont tolérés , maintenus , protégés , comme objets d'arts et comme matériaux de l'histoire. Comparez donc Alexandre sur la place Vendôme et logé près des Tuileries , à son ennemi sur le terrein de Rosbach , et sur les ruines du Krémelin.

Français ! la reconnaissance doit se mesurer au bienfait , un évènement inoui dans notre histoire doit s'éterniser dans la mémoire des hommes par un témoignage de gratitude jusqu'alors inusité.

Il importe de signaler le commencement d'une nouvelle ère pour l'histoire de France , le terme des divisions , de l'incertitude , des fluctuations , et de l'interrègne , l'époque d'une

« de le construire s'ils ratifient la bonne opinion que vous « avez de moi... » Et quelques mois sont à peine écoulés qu'au lieu d'un monument qu'on lui offrait , il s'en élève à lui-même de toutes parts , sur le Carrouzel , au Louvre , sur la place Vendôme , etc. tandis que ceux promis à *Desaix* et à *Kléber* , à Kléber ! restent abandonnés , et sont des ruines avant d'avoir été terminés.

alliance indissoluble entre le héros du Nord et le souverain légitime des Français, et de rappeler aux esprits turbulents s'ils pouvaient renaître des cendres de nos dissentions éteintes, et troubler la sage constitution que le Roi va jurer; de leur rappeler, dis-je, la noble garantie, la médiation imposante de l'Empereur Alexandre à la tête de ses augustes alliés.

1° Sur la *colonne-Vendôme*, la statue qui s'y trouve ferait place à un globe d'azur chargé des trois fleurs de lys d'or, et supporté par les aigles éployées des deux Empereurs et du roi de Prusse. On ajouterait en lettres d'or et en style lapidaire : (1)

(1) On ne veut indiquer ici que le motif de chaque inscription ; leur rédaction définitive exigeant un soin que ne permet pas la rapidité avec laquelle nous traçons nos idées.

ALEXANDRE, EMPEREUR DE TOUTES LES RUSSIES,

FRANÇOIS II, EMPEREUR D'AUTRICHE,

FRÉDÉRIC-GUILLAUME III, ROI DE PRUSSE,

ET LEURS ALLIÉS, PASSANT A PARIS,

A LA TÊTE DE 200 MILLE HOMMES,

ONT CONSERVÉ ET RESTAURÉ CE MONUMENT,

EN CONSIDÉRATION DE LEUR ESTIME

POUR LES ARMÉES FRANÇAISES.

31 — 19 MARS M. DCCC. XIV.

2° *L'Arc de triomphe* de l'Étoile serait terminé à la gloire des mêmes Princes.

ALEXANDRE, EMPEREUR DE RUSSIE,

VAINQUEUR, BIENFAITEUR, PACIFICATEUR,

ENTRE DANS CETTE VILLE AVEC SES ALLIÉS,

FAIT LA CONQUÊTE DE TOUS LES COEURS,

ACCORDE LA PAIX A NOS BESOINS,

ET A NOS VOEUX LES ENFANTS DE HENRI IV.

De l'autre côté :

MONUMENT D'UNE ÉTERNELLE RECONNAISSANCE.

31 — 19 MARS M. DCCC. XIV.

(14)

3º A la *Place de la Concorde*, sur le socle
de l'un des chevaux de Marly, une table de
marbre porterait ces mots en lettres d'or :

CONCORDIA

RES PARVAE CRESCUNT, MAGNAE SERVANTUR.

Sur l'autre socle vis-à-vis :

LA CONCORDE

PROTÈGE ET AFFERMIT LES EMPIRES.

Cette traduction, qui n'est point fidèle, sera
comme ces *armes à enquérir* qui nécessitent
une explication. Le commentaire sera l'histo-
rique d'une époque où des prétentions exagé-
rées et des proportions outre mesure, et très-
étrangères au peuple français, ont été restreintes
dans des bornes raisonnables.

4º Enfin le temple de la Madelaine serait
achevé, et consacré sous l'invocation de *Saint
Louis et de Saint Alexandre*. Un tableau votif
placé sur le maître-autel, et donné au concours,
représentera ces deux Saints unis pour sauver

Paris de la foudre, et replacer les fleurs de lys sur le Louvre.

Tels sont les moyens d'immortaliser dignement notre reconnaissance et les bienfaits dont doivent jouir nos arrière-neveux, et que l'Europe en repos doit partager avec les Français.

LE BARON DE LA PERRELLE,

AUGUSTE JUBÉ.

Adjudant-général, Commandant de la Légion-d'Honneur.

Paris, 3 Avril 1814.

www.ingramcontent.com/pod-product-compliance
Lightning Source LLC
Chambersburg PA
CBHW061454050726
47593CB00004B/1597